AF460733

18 mai 1896

COLLECTION

D'OBJETS D'ART

ET DE CURIOSITÉ

TABLEAUX ANCIENS ET MODERNES

Pastels, Gouaches, Porcelaines

Faïences, Émaux, Ivoires, Bronzes, Fers, Cuivres, Étains, Miniatures

Bonbonnières, Éventails, Objets de vitrine

PENDULES, GROUPES ET PANNEAUX EN PIERRE ET BOIS SCULPTÉS

MEUBLES

Anciens et de style XVe, XVIIe et XVIIIe siècles

TAPISSERIES ANCIENNES

Étoffes, Broderies, Tapis

VENTE

HOTEL DROUOT — SALLE N° 1

Les Lundi 18, Mardi 19 et Mercredi 20 Mai 1896

A DEUX HEURES

Par le ministère de Me **G. DUCHESNE,** Commissaire-Priseur
rue de Hanovre, 6

Assisté de **M. A. BLOCHE,** Expert, rue de Châteaudun, 28

AVEC LE CONCOURS

De **M. LAGRANCHE,** rue des Tournelles, 52

EXPOSITION PUBLIQUE

Le Dimanche 17 Mai 1896, de 2 heures à 5 heures 1/2

PARIS — 1896

IMPRIMERIE MAULDE ET RENOU

MAULDE, DOUMENC & Cie

IMPRIMEURS DE LA COMPAGNIE DES COMMISSAIRES-PRISEURS

Rue de Rivoli, 144. - Paris

CATALOGUE

D'UNE COLLECTION

D'OBJETS D'ART

ET DE CURIOSITÉ

TABLEAUX ANCIENS ET MODERNES

Pastels, Gouaches, Dessins, Gravures

PORCELAINES ET FAIENCES

de Rouen, Marseille, Strasbourg, Moutiers, des Islettes, etc.

BRONZES, FERS, CUIVRES, ÉTAINS, ARMES

Miniatures, Bonbonnières, Boîtes, Éventails, Objets de vitrine
Pendules en marqueterie
des Époques Louis XIII et Louis XIV

GROUPES, PANNEAUX, STATUETTES EN PIERRE ET BOIS SCULPTÉS

MEUBLES

Anciens et de style XVe, XVIIe et XVIIIe siècles

Armoires, Bahuts, Commodes, Consoles, Tables
Vitrines, Secrétaire, Coffres, Crédences, Horloge, Bergères
Fauteuils, Chaises recouverts en tapisserie, Glaces
Lutrin, Colonnes

TAPISSERIES ANCIENNES

D'AUBUSSON ET DES FLANDRES

Étoffes, Broderies, Tapis

DONT LA VENTE AURA LIEU

HOTEL DROUOT — SALLE N° 1

Les Lundi 18, Mardi 19 et Mercredi 20 Mai 1896

A DEUX HEURES

Par le Ministère de Me **G. DUCHESNE,** Commissaire-Priseur
rue de Hanovre, 6

Assisté de **M. A. BLOCHE,** Expert, rue de Châteaudun, 28

AVEC LE CONCOURS

De **M. LAGRANCHE,** rue des Tournelles, 52

CHEZ LESQUELS ON TROUVE LE PRÉSENT CATALOGUE

EXPOSITION PUBLIQUE

Le Dimanche 17 Mai 1896, de 2 heures à 5 heures 1/2

D05417

CONDITIONS DE LA VENTE

Elle sera faite au comptant.

Les Acquéreurs paieront, en sus des adjudications, CINQ CENTIMES PAR FRANC, applicables aux frais.

Aucune réclamation ne sera admise une fois l'adjudication prononcée.

MAULDE, DOUMENC et Cie, imprimeurs de la Cie des Commissaires-Priseurs, rue de Rivoli, 144 400—58780

DÉSIGNATION

TABLEAUX

1 — **École ancienne.** Ermite et Saint François d'Assise dans un paysage.

2 — **École ancienne.** L'Assomption de la Sainte Vierge. Peinture sur cuivre. Cadre sculpté.

3 — **École ancienne.** La Vierge et l'Enfant Jésus. Cadre sculpté et doré.

4 — **École ancienne.** Le Christ couronné d'épines. Peinture sur cuivre. Cadre sculpté et doré.

5 — **École ancienne.** Sainte Madeleine en prière. Cadre sculpté et doré.

6 — **École ancienne.** Saint Pierre. Peinture sur cuivre. Cadre doré et sculpté à coquilles.

7 — **École ancienne.** L'Assomption. Peinture sur cuivre.

8 — **École ancienne.** La Vierge et l'Enfant Jésus dans un nimbe doré. Cadre en thuya.

9 — **École ancienne.** Portrait de Religieuse tenant une croix.

10 — **École ancienne.** Portrait de Religieuse en prière Fond doré.

11 — **École ancienne.** Le Mandoliniste.

12 — Le Joueur de Violoncelle. Deux pendants.

13 — **École ancienne.** La Vierge et l'Enfant Jésus placés entre deux anges. Encadrement à fleurettes sur fond bleu.

14 — **École ancienne.** Tête de Mort et Sablier. Cadre sculpté et doré ancien.

15 — **École ancienne.** Sainte Famille. Cadre en bois sculpté et doré.

16 — **École ancienne.** Saint et Sainte. Cadre noir.

17 — **École ancienne.** Portrait d'Évêque à perruque blanche.

18 — **École flamande.** L'Adoration des Mages. Cadre en bois sculpté et doré.

19 — **École flamande.** Saint Personnage dans un médaillon entouré de fleurs. Cadre sculpté et doré.

20 — **École flamande.** Le Galant Buveur.

21 — **École flamande.** La Naissance du Christ. Peinture sur bois.

22 — **École flamande.** Portrait d'une Reine martyre.

23 — **École française.** Portrait d'Homme revêtu d'une armure. Époque Louis XIV.

24 — **École française.** Portrait de Dame en costume rouge richement brodé, du temps de Louis XIV.

25 — **École française.** Portrait d'un vieux Gentilhomme en armure. Cadre sculpté et doré à coins ajourés.

26 — **École française.** Portrait de Femme en costume Louis XIV, vêtue d'une robe rouge. Cadre sculpté et doré Louis XIV.

27 — **École française.** Portrait de vieille Femme du temps de Louis XVI. Cadre sculpté.

28 — **École française.** Saint Nicolas. Cadre en bois sculpté et doré.

29 — **École française.** Saint Joseph et l'Enfant Jésus. Peinture sur cuivre. Cadre à coquilles, sculpté et doré.

30 — **École française.** Sainte Catherine tenant l'agneau pascal. Peinture sur cuivre. Cadre sculpté et doré.

31 — **École française.** Buste de Femme du temps de l'Empire. Médaillon rond. Cadre doré.

32 — **École française.** Le Christ tenant la boule du monde. Peinture sur cuivre. Médaillon ovale. Cadre en bois sculpté et doré.

33 — **École française.** Jeune Femme agenouillée devant le Christ. Cadre sculpté et doré.

34 — **École française** (XVIIIe siècle). Portrait de Dame décolletée avec fleurs dans les cheveux.

35 — **École française.** Portrait d'un Gentilhomme à perruque, vêtu d'un manteau rouge. Cadre sculpté et doré.

36 — **École française.** Portrait de Femme en costume vert, tenant une rose.

37 — **École française.** Portrait d'Homme en habit rouge. Époque Louis XVI.

38 — **École française.** Portrait de Femme du temps de Louis XV, en costume de velours bleu.

39 — **École française.** Portrait d'un Officier. Cadre ovale doré.

40 — **École française.** Saint Rémy revêtu d'habits sacerdotaux, rehaussés d'or. Cadre en palissandre.

41 — **École française.** La Vierge et l'Enfant Jésus offrant des chapelets à des religieux. Cadre sculpté et doré.

42 — **École française.** Portrait d'Homme en perruque blanche, du temps de Louis XV, vêtu d'un habit rouge, à jabot de dentelle.

43 — **École française.** Portrait d'homme à perruque blanche vêtu d'un habit brun et gilet brodé Louis XV. Peinture de forme ovale.

44 — **École française.** Portrait d'un Évêque revêtu des habits sacerdotaux. Cadre doré et sculpté.

45 — **École hollandaise.** Tête de Vieillard. Cadre doré.

46 — **École italienne.** La Vierge, l'Enfant et Saint Jean. Cadre sculpté et doré.

47 — **École italienne.** Sainte en prière. Peinture sur cuivre. Cadre doré.

48 — **École italienne.** La Naissance du Christ. Cadre en bois sculpté.

49 — **École italienne.** La Vierge allaitant l'Enfant Jésus. Peinture sur cuivre.

50 — **École moderne.** Le Christ suivi par les Apôtres. Peinture ovale.

51 — **École moderne.** Portrait d'Homme en habit noir.

52 — **Penguily** (O.). Paysans bretons assis devant une maison.

53 — **Volenge** (I.). 1845. Chiens furieux.

54 — Deux Peintures Gréco-Russes : Sujets religieux sur fond d'or. Cadres en chêne.

55 — Quatre Dessus de portes en grisaille représentant les Quatre Saisons.

PASTELS

56 — **École française.** Portrait de Marie-Thérèse-Gertrude de France d'Hesecques, comtesse de Rietz de Villerval. 1730.

57 — Portrait du comte d'Albert de Luynes, prince de Grunberghem. 1732. Cadre doré.

58 — **École française.** — Portrait d'un Officier du temps de Louis XVI.

59 — **École francaise.** Portrait d'Abbé.

60 — **École française.** Portrait de Dame vêtue de rose. Époque Louis XVI.

61 — **École française.** Portrait de jeune Fille coiffée d'un bonnet.

62 — Portrait de jeune Garçon en habit bleu Louis XVI. Cadre doré, fronton à nœud de rubans.

63 — **École française.** Portrait de Femme du temps de Louis XVI. Ovale. Cadre doré.

GOUACHES, DESSINS, GRAVURES

64 — Grande Gouache représentant le Sacre de David.

65 — Gouache ovale : La Vierge, l'Enfant Jésus et Saint Jean-Baptiste. Cadre en cuivre poli à tors de lauriers.

66 — Peinture à la gouache : Vierge et Enfant. Cadre sculpté et doré.

67 — Petite Gouache représentant Saint Jean-Baptiste et l'Agneau pascal dans un paysage. Cadre ancien en bois sculpté et doré.

68 — Petite Peinture à la gouache, rehaussée d'or,

représentant une Dame agenouillée dans un paysage. Cadre sculpté et doré.

9 — Deux Peintures à la gouache représentant : l'un l'Annonciation, et l'autre la Communion d'un Saint dans des paysages animés de figures.

70 — Petite Gouache ovale : Jésus chez Marthe et Marie.

71 — Gouache : Jeunes Femmes surprenant un berger endormi. Cadre doré.

72 — Feuille d'Éventail encadrée, à figure de jeune Femme assise dans un parc et tenant un perroquet.

73 — Gouache ovale : Ange conduisant un enfant.

74 — Grande Gouache représentant la Vierge et l'Enfant.

75 — **École française**. Portraits de Marat et de Charlotte Corday. Dessins rehaussés d'aquarelle. XVIIIe siècle.

76 — La Mort de Marat, dessin à la sépia. Signé à droite : *A Marat*, *David*, *l'an deux*.

77 — Dessin rehaussé de gouache : L'Annonciation. Cadre doré.

78 — **Boucher** (D'après François). Jeune Femme couchée et Amour. Gravure à la sanguine.

79 — Pièce en couleur : Louis XVIII et sa Famille.

80 — Deux pièces en couleur : Allégories à l'époque de la Restauration : *Le Printemps ou le Retour de la Violette. —Tout passe, tout s'éteint, tout finit avec le temps.*

81 — Pièce en couleur : Le Christ en croix entre les Saintes Femmes. Ornements en papier découpé

82 — Deux Gravures anglaises en couleur : Bustes de jeunes Femmes. Cadres ovales à nœuds de rubans.

83 — Deux pièces en couleur : Assaut d'armes. — Les Extrêmes se touchent.

84 — The Little Domestic. Gravure anglaise en couleur.

BONBONNIÈRES, MINIATURES ÉMAUX, ÉVENTAILS IVOIRES, OBJETS DE VITRINES, VERRERIE

85 — Jolie Boîte en bois, finement sculptée, à rinceaux, fleurs et oiseaux. Époque Louis XIV.

86 — Boîte en ivoire, doublée d'écaille, ornée sur le couvercle de deux miniatures : Portraits de Dames. Encadrements en or. Époque Louis XVI.

87 — Bonbonnière en vernis, fond vert semé de fleurs, orné d'une miniature : Buste de Femme.

88 — Bonbonnière cerclée d'or, ornée d'une miniature : Portrait de Femme Louis XV.

89 — Miniature ovale : Portrait d'Homme en armure, avec le cordon du Saint-Esprit et l'ordre de la Toison d'Or.

90 — Petite Miniature : Portrait d'Homme en habit rouge. Époque Louis XVI.

91 — Petite Miniature ovale : Portrait d'Homme en armure, avec le grand cordon du Saint-Esprit.

92 — Miniature ovale : Portrait de Femme décolletée coiffée d'un turban.

93 — Petit Médaillon ovale, orné d'un Portrait d'Homme du temps de Louis XVI.

94 — Miniature ronde : Portraits d'Homme et d'Enfant. Époque Louis XVI,

95 — Miniature ronde : Portrait de la Duchesse Ossolinska.

96 — Miniature ovale : Portrait de Dame du temps de l'Empire.

97 — Miniature ovale : Portrait de vieille Femme en bonnet et fichu blancs.

98 — Miniature ronde : Portrait d'Homme.

99 — Petite Miniature : Portrait d'un Officier en habit blanc, à parements rouges.

100 — Petite Miniature ovale : Portrait d'Homme. Cadre guilloché.

101 — Petite Miniature ronde. Portrait d'Homme à perruque blanche.

102 — Petite Miniature ovale : Portrait de Femme Louis XVI, coiffée d'un bonnet.

103 — Miniature ronde représentant Lucrèce.

104 — Miniature ovale : Portrait de Napoléon Ier.

105 — Dix-sept Miniatures : Portraits d'Hommes et de Femmes. (*Sera divisé.*)

106 — Petit Portrait d'Homme en buste dans un cadre ovale en bois sculpté à jour et doré.

107 — Miniature ronde : Portrait d'Homme en habit rouge avec le cordon du Saint-Esprit en sautoir.

108 — Miniature ronde : Portrait de Jeune Fille caressant un chien.

109 — Deux petits Médaillons en cire : l'Amour mendiant et Amours offrant des fleurs à une jeune femme assise.

110 — Cinq pièces, médaillons encadrés : La Famille

de Louis XVI. — Le Serment d'amour. — Henri IV et Sully. — Portrait d'abbé. — Enfant Jésus portant la croix.

111 — Grande Plaque en émail de Limoges représentant le Christ portant sa croix. Cadre sculpté et doré.

112 — Deux Emaux de Limoges ovales : Saint Pierre et Sainte Madeleine. Au revers on lit : *Laudin au fauxbourgs de Manigne Limoges.*

113 — Bénitier en émail de Limoges : Sainte Famille. Décor à palmes en relief, appliqué sur un fond de velours rouge, dans un encadrement ovale en bois sculpté et doré.

114 — Émail de Limoges : Sainte Scholastique en prière.

115 — Deux petites Plaques en émail de Limoges : Saint Joseph et Sainte Rose sur fond de velours rouge. Cadre en bois doré.

116 — Plaque en émail de Limoges représentant Saint Benoit.

117 — Plaque en émail : Buveurs. Cadre doré

118 — Petite Coupe tripode en émail de Saxe, décor à fleurs.

119 — Plaque en émail : Jésus et les petits Enfants, décor polychrome sur fond bleu. Cadre sculpté.

120 — Plaque en émail : La Résurrection.

121 — Émail sur cuivre : l'Assomption de la Vierge. Cadre doré.

122 — Deux Montres Louis XV, en argent repoussé.

123 — Petit Flacon Louis XV, en argent ciselé.

124 — Montre à boitier émaillé. Époque Louis XVI.

125 — Boîte reliquaire octogonale, ornée de deux sujets religieux.

126 — Vase à deux anses, forme urne, en argent, orné de deux médaillons émaillés aux armes de Lorraine et Portrait d'Homme.

127 — Deux Pendants d'oreilles en or, de forme triangulaire, à pampilles.

128 — Peigne de coiffure en argent doré, à galerie de fausses perles.

129 — Éventail Louis XV, représentant, en grisaille, une Réunion galante sur la terrasse d'un parc. Monture en ivoire peint et sculpté.

130 — Éventail en ivoire sculpté, feuille brodée de paillettes et ornée de trois médaillons à sujets peints. Époque Louis XVI.

131 — Éventail en ivoire sculpté, feuille décorée à fleurs, nœuds de rubans et médaillon symbolique. Époque Louis XVI.

132 — Éventail en ivoire incrusté, décoré de fleurs et de paillettes, avec médaillon représentant un Jeune Homme et une Jeune Fille dans un paysage. Époque Louis XVI.

133 — Éventail Louis XVI, à feuille peinte, représentant les Travaux champêtres. Monture en ivoire sculpté.

134 — Éventail en ivoire sculpté, appliqué sur fond de velours rouge. Cadre doré.

135 — Trois Éventails en écaille blonde et brune.

136 — Petit Éventail en nacre, feuille en dentelle métallique.

137 — Trois Éventails, un Écran à main, en bois et ivoire.

138 — Très petit groupe en ivoire sculpté : Marchands de poissons.

139 — Très petit groupe en ivoire sculpté : l'Assomption, sur socle en bois doré, orné de coraux. Époque Louis XIV.

140 — Figurine de Saint : personnage en ivoire sculpté sur socle en bois.

141 — Petit Coffret en ivoire sculpté. Travail chinois.

142 — Deux petites Portes de Cabinet, en bois laqué, rehaussé de dorures, médaillons et entourage en marbres de couleur.

143 — Petit Panneau en ivoire sculpté, de style gothique, à sujets religieux.

144 — Petit Bas-Relief en ivoire sculpté, appliqué sur fond de velours rouge.

145 — Semainier formé par un socle en bronze, surmonté d'un buste d'Homme en bronze doré.

146 — Reliquaire en bois ajouré, orné de douze médaillons, petite peinture sur nacre : Jeune Femme et Religieux. Émail peint : Tête d'Homme.

147 — Boîte ovale en cuivre, ornée à l'intérieur de peintures représentant un Gentilhomme en prière et une figure de Vierge et Enfant.

148 — Christ en ivoire sculpté sur croix dorée, appliquée sur fond de velours rouge. Encadrement Louis XIV en bois sculpté.

149 — Petit Christ sur croix en ivoire sculpté.

150 — Dix-huit Verres gravés, anciens.

PORCELAINES ET FAIENCES

151 — Deux Assiettes en faïence, décor à paysage et cours d'eau animé de bateliers.

152 — Deux Assiettes en vieux Chine, décor central à personnages, bordure à réserves de fleurs famille rose.

153 — Six Tasses et six Soucoupes en porcelaine de Sèvres bleu turquoise, à rehauts d'or, décor à médaillons d'Amours et au chiffre de Louis-Philippe.

154 — Deux Tasses porcelaine de Sèvres gros bleu, à rehauts d'or. Époque Louis-Philippe.

155 — Tasse et Soucoupe en porcelaine de Sèvres gros bleu, à rehauts d'or, à décor d'amours. Époque de Napoléon III.

156 — Assiette en porcelaine de Sèvres, décorée de figures d'amours et chiffre de Napoléon III. Bordure gros bleu rehaussée de dorures.

157 — Six Assiettes en porcelaine de Sèvres bleu turquoise, décor central à figures d'amours et chiffre de Louis-Philippe.

158 — Groupe de trois Figures en porcelaine d'Allemagne : Bélisaire.

159 — Deux petits Seaux jardininières en porcelaine, genre Sèvres, fond bleu turquoise, décorés de médaillons à sujets galants. Encadrements dorés.

160 — Deux Compotiers en porcelaine de Chine, décor à médaillons de fleurs dans des cadres en bois noir.

161 — Bonbonnière en porcelaine décorée sur le couvercle d'un groupe de trois personnages dans un paysage.

162 — Grand Plat, à bord contourné, en porcelaine du Japon, décor à chimères, fleurs et entrelacs, bordure à cartels de fleurs et d'oiseaux.

163 — Grand Vase, sur socle adhérent, en porcelaine gros bleu rehaussée d'or, décor à médaillons de fleurs.

164 — Tasse et Soucoupe en porcelaine, décor à paysages et attributs guerriers, rehaussés d'or.

165 — Six Tasses avec Soucoupes de forme oblongue et lobée en porcelaine de Saxe, décor à réserves de personnages et fleurs.

166 — Deux Tasses et quatre Soucoupes en porcelaine de Saxe, décor à fleurs en camaieu violet.

167 — Deux Statuettes en biscuit : Danseurs et Danseuses

168 — Groupe en biscuit : Musiciens.

169 — Groupe en biscuit : Enfant et Chien.

170 — Groupe de deux personnages en biscuit : Le Serment.

171 — Cinq pièces : Dessous de Plat, Assiette et Plateau en porcelaine et faïence décorées.

172 — Belle Soupière avec Plateau et Couvercle en faïence de Marseille, décor à fleurs, bordure contournée à feuille de choux violacée, le couvercle est surmonté d'une figurine d'enfant assis.

173 — Plat en faïence italienne. Décor à personnages.

174 — Jolie petite Commode de forme Louis XV, en faïence de Marseille, offrant sur le dessus une figure de paysan labourant son champ près d'un moulin, encadrement de verdure ; elle ouvre à quatre tiroirs.

175 — Jolie Soucoupe en vieux Rouen, décor bleu avec chiffre surmonté d'une couronne et entouré de fleurs, bordure côtelée à lambrequins et rinceaux.

176 — Beau Plat en faïence italienne, décoré au centre d'un sujet allégorique.

177 — Deux Plaques en ancienne faïence de Delft, décor

bleu à personnages dans des paysages. Encadrements Louis XV, polychromes.

178 — Jardinière octogonale sur piédouche en faïence de Rouen, décor à guirlandes de fleurs en bleu.

179 — Coupe Vide-Poche en vieux Rouen, décor polychrome à vase fleuri.

180 — Porte-Bouquets à cinq tubes en ancienne faïence de Strasbourg, décoré d'un sujet allégorique en grisaille, bordure à feuille de choux noir et vert.

181 — Assiette en ancienne faïence de Marseille, à décor de Martin-Pêcheur, bordure dentelée décorée d'oiseaux et d'insectes.

182 — Deux Plaques en faïence de Delft, à décor bleu, représentant dans des paysages des Bergers et des Troupeaux (dans un même cadre en chêne).

183 — Deux Assiettes en vieux Moustiers, décor en camaieu vert, à personnages, oiseaux et fleurs.

184 — Deux Plaques en faïence de Delft, en décor bleu, dans un même cadre en chêne : Intérieur de Cabaret et le Rémouleur.

185 — Plaque en faïence de Delft : Sujet allégorique. Signé N. 1769. Cadre en chêne.

186 — Plaque encadrée en faïence décorée, offrant dans un médaillon fleurdelysé le Portrait de Louis XVI.

187 — Groupe en faïence de Lunéville : Les Mauvais Garnements.

188 — Deux Lions en faïence de Lunéville sur terrassements marbre vert.

189 — Groupe en faïence blanche de Lunéville : Le Savetier.

190 — Plaque en faïence hollandaise : Le Galant Buveur. Cadre en chêne.

191 — Grand Plat long en ancienne faïence des Islettes, décor aux chinois, bordure à feuille de choux en rouge.

192 — Soupière en faïence bleu empois, décorée en relief d'un écusson surmonté d'une couronne.

193 — Porte-Bouquets à huit tubes en ancienne faïence, décor à fleurs et médaillon, forme Louis XV.

194 — Deux Pichets formés par des personnages assis, vêtus d'habits blancs à fleurettes, en faïence des Islettes.

195 — Statuette en ancienne faïence des Islettes : Vierge et Enfant.

196 — Statuette de Vierge en ancienne faïence française, sur socle décoré de fleurs.

197 — Petit Guéridon Louis XV, en vieux Delft, décor à paysage en bleu sur blanc.

198 — Écuelle avec Couvercle, en ancienne faïence, décor quadrillé et guirlandes de fleurs, médaillon chiffré.

199 — Plaque en ancienne faïence décorée, offrant en relief le Christ en croix.

200 — Quatre Statuettes de la Vierge et de l'Enfant Jésus, en ancienne faïence décorée.

201 — Plaque en faïence italienne, offrant en relief la Vierge et Enfant.

202 — Grand Vase sur piédouche, en faïence, décor bleu, bordure à grecque, anses à têtes de lions.

203 — Terrine à pâté en faïence grise, décorée en relief de gibiers et fleurs de lys.

204 — Cuvette de Bidet en vieux Rouen, à décor bleu.

205 — Grand Bac en ancienne faïence, décor à paysages en bleu.

206 — Ménagère et Salière en ancienne faïence blanche, à décor ajouré.

207 — Quatre Vases en faïence de Delft, décor à paysages, personnages et fleurs en bleu sur fond blanc.

208 — Fontaine à mains, en faïence côtelée, à décor bleu sur blanc.

209 — Quatre Chauffe-Mains en faïence décorée à fleurs et inscriptions.

210 — Coupe sur piédouche en faïence, décorée en relief de fruits et de grappes de raisins.

211 — Soupière ronde et Soupière ovale en faïence, décor à fleurs et personnages.

212 — Coquetière formée par une poule et ses poussins, en faïence décorée.

213 — Socle en terre émaillée blanc, à figures de lions, reliées par des draperies.

214 — Groupe en faïence de Lunéville : Le petit Voleur.

215 — Statuette de Paysanne en terre de Sifflet.

216 — Statuette en ancienne faïence émaillée : La Vierge et l'Enfant, décor en relief sur fond bleu.

217 — Deux Vases de pharmacie en faïence de Rouen, décor à fleurs, ornements et inscriptions en bleu.

218 — Deux Cornets en faïence italienne, décor d'Amours et fleurs, en bleu sur blanc.

219 — Trois Soupières rondes et deux Soupières ovales en faïence de Strasbourg, décor à fleurs et sujets chinois.

220 — Quatre-vingt-six Assiettes en faïence française,

des Islettes, Strasbourg, Marseille, Rouen, etc., à décors bleu, rouge et polychrome. *(Sera divisé.)*

221 — Vingt-cinq Assiettes en faïence, décor central à oiseaux, bordure à fleurs. *(Sera divisé.)*

222 — Vingt-six Assiettes en faïence française à sujets patriotiques. *(Sera divisé.)*

223 — Quarante et une Assiettes en faïence de Strasbourg, décor à fleur, en rouge sur fond blanc. *(Sera divisé.)*

224 — Cinq Assiettes en faïence de Moustiers, décor à médaillons, paysages, fleurs et oiseaux de différentes nuances.

225 — Dix-neuf Assiettes en faïence de Delft, à décor bleu sur fond blanc. *(Sera divisé.)*

226 — Six Assiettes en faïence de Delft, décor polychrome.

227 — Dix Jardinières porte-bouquet en ancienne faïence française, décorées de fleurs. *(Sera divisé).*

228 — Quatre Plats ronds en vieux Delft polychrome.

229 — Six plats en Delft, à décor bleu sur blanc.

230 — Trente-six Plats ronds en ancienne faïence décorée de Rouen, Strasbourg, Marseille, etc. *(Sera divisé.)*

231 — Trente-quatre Plats longs, formes à pans et contournées, en faïence décorée de Rouen, Moustiers, Strasbourg, des Islettes, etc. *(Sera divisé.)*

232 — Onze pièces : Soupières, dont huit ovales et trois rondes, en faïence de Strasbourg et autres, décor à fleurs. *(Sera divisé.)*

233 — Six pièces : Saladiers et Plats en faïence décorée et gris émaillé.

234 — Cinq Plats à Barbe en ancienne faïence décorée de fleurs à polychrome,

235 — Environ quarante pièces en faïences anciennes et modernes : Porte-Bouquets, Pichets, Pots, Théières, Jardinières, Saucières, Encriers, Ménagères, Salière, Boîte à épices, Commode. *(Sera divisé.)*

BOIS ET PIERRE SCULPTÉS, RELIQUAIRES OBJETS DIVERS

236 — Groupe en pierre sculptée et peinte, représentant le Baiser de Judas, placé sous un portique gothique sculpté et ajouré. xve siècle.

237 — Huit Bas-Reliefs en albâtre sculpté, représentant des Scènes de la Vie du Christ.

238 — Beau panneau en bois sculpté : l'Annonciation. Encadrement de feuillage.

239 — Groupe en bois sculpté peint et doré représentant la Mise au Tombeau. xve siècle. Composition de neuf personnages.

240 — Fragment de Rétable en bois sculpté représentant à la partie supérieure des Cavaliers et une Place fortifiée ; la partie inférieure offre un groupe de dix personnages. xve siècle.

241 — Deux Portes en bois sculpté, ornées de panneaux en fer forgé et découpé à jour.

242 — Buste du Christ, en bois sculpté.

243 — Groupe en bois sculpté, peint noir, représentant Jésus descendu de la Croix.

244 — Buste du Prince de Condé, en bois sculpté.

245 — Deux Statuettes en bois sculpté : Personnages, agenouillés.

246 — Groupe en bois sculpté : La Vierge et l'Enfant.

247 — Statuette de Saint Joseph et de l'Enfant Jésus, en bois sculpté et peint.

248 — Petite Statuette de Vierge et Enfant, en bois sculpté.

249 — Figurine d'Évêque en bois sculpté.

250 — Groupe en bois sculpté et peint : Sainte Anne.

251 — Vantail en bois sculpté, peint et doré, décoré d'un médaillon à figures de saint, encadré de rinceaux. Époque Louis XV.

252 — Tableau reliquaire, offrant au centre une figurine d'enfant assis, en cire, et placé sous un dôme en papier découpé. Cadre doré à fronton.

253 — Petit Reliquaire représentant l'Atelier de Saint Joseph, personnages en porcelaine, se livrant à divers travaux, fond gouaché à fleurs et paysages. Cadre sculpté et doré.

254 — Tableau reliquaire, médaillon à figure de Sainte, appliqué sur fond de soie. Cadre sculpté et doré.

255 — Tableau reliquaire représentant le Baptême du Christ. Cadre doré.

256 — Tableau reliquaire décoré d'une figure de la Vierge tenant l'Enfant Jésus dans ses bras. Cadre sculpté.

257 — Tableau reliquaire orné au centre d'une gravure rehaussée, représentant des Anges offrant des fleurs à l'Enfant Jésus.

258 — Tableau reliquaire en papier découpé avec médaillon central, formé par une hostie. Cadre sculpté.

259 — Tableau en papier découpé, à jour, à fleurs et

rinceaux, orné d'un médaillon représentant l'Enfant Jésus. Fond de paysage. Cadre sculpté.

260 — Peinture sur vélin, représentant une grande Dame tenant une corbeille de fleurs. Cadre doré.

261 — Peinture sur vélin : Grande Dame en costume rouge bordé de fourrure, tenant un éventail.

262 — Fragment de manuscrit dans un cadre en bois sculpté et doré.

263 — Deux Peintures sur marbre : *Ecce Homo* et *Sainte Madeleine*. Encadrements simulant la broderie. Cadres dorés.

264 — Coffret Louis XIII en bois incrusté d'étain et de nacre, décor à rinceaux et fleurettes.

265 — Double Coffret en ivoire incrusté, orné de plaques en bois de santal sculpté. Travail indien.

266 — Moulin à poivre en bois incrusté de cuivre et fer découpé et gravé, décor à rinceaux, armoiries et fleurs de lys. Époque Louis XV.

267 — Petit Reliquaire garni en argent et cuivre repoussé. Attribué au XIIe siècle.

268 — Canons d'Autel ornés de vignettes peintes. XVIIIe siècle.

269 — Encyclopédie ou Dictionnaire raisonné des Sciences, des Arts et des Métiers, par une Société de Gens de Lettres, mis en ordre par M. ***, à Neufchatel. *Chez Samuel Faulche et Cie, libraires-imprimeurs. MCCCLXV.* Quarante volumes avec planches.

270 — Atlas ancien orné de planches et cartes en couleurs.

271 — Tric-Trac incrusté de nacre et d'ivoire.

272 — Porte-Cigares en écaille orné d'un sujet : Scène d'intérieur.

273 — Boîte en vieux laque de Chine.

274 — Lot de Parchemins.

BRONZES, CUIVRES, FERS, ÉTAIN

275 — Lustre en bronze ciselé et poli de la fin de l'Empire, orné de couronnes de fleurs et garni de huit lumières avec pendeloques en cristal taillé.

276 — Paire d'Appliques à deux lumières en bronze, modèle à urnes enflammées et guirlandes de lauriers. Époque Louis XVI.

277 — Paire d'Appliques en bronze, à deux lumières, surmontées de trophées d'instruments de musique. Époque Louis XVI.

278 — Paire de Chenets en cuivre poli avec fers. Époque Louis XIII.

279 — Paire de Chenets en cuivre, à mascarons et feuillages. Époque Louis XIII.

280 — Statuette de Mercure, en bronze, assis sur un socle formant fontaine, placée au-dessus d'un bassin en cristal, retenu par une monture en bronze à fleurs et feuillages.

281 — Trois Plats en cuivre gravé et repoussé, à inscriptions, personnages et rosaces. XVe siècle.

282 — Vingt-sept Couvercles de bassinoires en cuivre rouge et jaune repoussé et ajouré de différentes époques. (*Sera divisé.*)

283 — Croix d'autel en bronze ciselé, orné d'émaux sur socle à têtes d'anges.

284 — Deux petits Bras d'appliques en bronze, à figures Louis XIV.

285 — Trois petites Lampes de forme antique, en cuivre, avec crémaillères.

286 — Paire de Flambeaux à côtes tournantes, en cuivre.

287 — Paire de Flambeaux Louis XIII, en cuivre.

288 — Plat ovale et Plat rond, à bords contournés, en étain, offrant au centre et repoussés en relief les attributs de l'Amour.

289 — Paire de Flambeaux Louis XIII, en étain.

290 — Quatre petites Assiettes en étain.

291 — Six Plats en étain à bords contournés.

292 — Un Plat rond en étain uni.

293 — Cafetière en étain, décorée de mascarons, bec à tête chimérique.

294 — Quatre Brocs en étain, à anse mobile ornée de mascarons.

295 — Aiguière forme casque, en étain.

296 — Neuf petites Pièces en étain : Buires, Moutardier, Burette, Tasse à déguster, Pots à lait, Vase, Bénitier.

297 — Deux Écuelles, un Couvercle en étain.

298 — Petite Coupe en cuivre argenté et ciselé à fleurs.

299 — Coupe ovale en bronze, parties dorées, sur socle en marbre noir orné de bronze.

300 — Deux Vases à anses mobiles, en cuivre.

301 — Encensoir en cuivre repoussé et ajouré et une Boîte applique en cuivre repoussé.

302 — Deux petites Lampes suspensions en cuivre dont deux en forme de lampes juives.

303 — Médaillon cuivre repoussé : Napoléon Ier et l'Impératrice.

304 — Paire de Landiers en fer forgé avec Barre, Pelle, Pincette, Tisonnier et Fourche.

305 — Paire de Chenets analogues.

306 — Mortier et son Pilon en bronze, décoré en relief de macarons à têtes d'enfants et de feuillages.

307 — Mortier avec Pilon en bronze à arêtes vives.

308 — Coffret garni, en fer ciselé et ajouré. Attribué au xve siècle.

309 — Lot de Verrous et ornements en fer forgé et découpé.

310 — Coffret en bois avec poignées et garniture en fer. xve siècle.

311 — Deux Moules à gauffres anciens, en fer.

312 — Série de Poids en bronze ciselé et gravé.

313 — Fusil ancien, crosse et monture en bois sculpté à ornements en fer ciselé et gravé.

314 — Poignard oriental à lame courbe, poignée garnie en argent.

315 — Sabre de cavalerie à lame armoriée et devise gravée, poignée en fer. Travail allemand.

316 — Deux grandes Flissahs à lames gravées.

317 — Sabre de cavalerie à lame courbe, fourreau et poignée en cuivre.

318 — Petite Épée à lame triangulaire gravée, poignée et pommeau en fer martelé et ciselé.

319 — Vestige de Dague en fer. xiiie siècle.

320 — Poignée de sabre en bronze ciselé. Époque de la Révolution.

321 — Petit Tromblon, canon gravé et damasquiné, crosse cloutée de cuivre et incrustée de nacre.

322 — Petit Tromblon, canon damasquiné d'argent.

323 — Tromblon à canon gravé, garniture en cuivre.

324 — Épée à lame gravée, garde à coquille et poignée en fer.

325 — Poignard à lame courbe gravée, poignée cloutée garnie de cuivre.

326 — Pistolet d'arçon à canon gravé, rehaussé de dorure.

327 — Fer de lance gravé.

MEUBLES

328 — Jolie Console, forme demi-lune, en bois sculpté et doré, ceinture à torsades et nœuds de rubans retenant des guirlandes de fleurs, posant sur quatre pieds cannelés, reliés par une entrejambe, dessus en marbre gris veiné blanc. Époque Louis XVI.

329 — Meuble crédence en chêne sculpté, décoré de panneaux gothiques à coquilles et écussons fleurdelysés, fermeture et garnitures des portes en fer découpé.

330 — Beau Lutrin en bois sculpté, à têtes d'anges, écussons et trophées d'instruments de musique, surmonté d'un aigle tenant dans ses serres un pupitre en fer. Époque XVIIIe siècle.

331 — Bahut à deux corps, en chêne sculpté, ouvrant à quatre vantaux, orné de panneaux gothiques, entrées de serrures et garnitures en fer découpé et ajouré.

332 — Secrétaire en acajou et cuivre, à dessus de marbre blanc. Époque Louis XVI.

333 — Bahut à deux corps, en bois sculpté, ouvrant à quatre vantaux, la partie inférieure garnie au centre de trois tiroirs. Époque Louis XV.

334 — Grand Coffre en bois sculpté, à montants feuillagés et panneaux décorés de bustes de personnages. Époque Louis XIII.

335 — Tabernacle en bois sculpté et doré, orné de statuettes détachées. Époque Louis XIII.

336 — Console d'applique en bois sculpté et doré.

337 — Commode, à quatre tiroirs, en marqueterie de bois de palissandre, à poignées et entrées de serrures en bronze ciselé. Époque Régence.

338 — Coffre de mariage, en noyer sculpté, décor en relief, à colonnes torses et rosaces.

339 — Coffre en bois sculpté, formé sur la façade d'un panneau gothique.

340 — Coffre en bois sculpté, montants à cannelures, panneaux à rinceaux et fleurs détachées. Époque Louis XIII.

341 — Coffre en bois tout bardé de fer, entrée de serrure forme étoile en fer gravé, posé sur un socle à quatre pieds en chêne sculpté.

342 — Coffre en bois sculpté, décor à cannelures et feuillages. Époque Louis XIII.

343 — Coffre en bois sculpté, panneaux à feuillages et ornements, bordure à oves. Époque Louis XIII.

344 — Petite Table à trois tiroirs, dont un formant pupitre, en marqueterie de bois. Époque Louis XVI.

345 — Pendule en marqueterie de cuivre et d'écaille, ornée de bronzes, surmontée d'une statuette de femme assise, cadran en cuivre de Lemazurier à

Paris, avec socle d'applique de même travail. Époque Louis XIV.

346 — Petite Table en noyer ciré, à un tiroir.

347 — Deux Vitrines forme pupitre en bois sculpté.

348 — Pendule, dite Religieuse, en bois noir plaqué d'écaille à filets d'ivoire, cadran en cuivre de *Louis Ourry, Paris*. Époque Louis XIII.

349 — Coffre en bois sculpté, décor à feuillages et ornements, panneau central orné d'une tête d'ange en relief. Époque Louis XIII.

350 — Glace biseautée, cadre en bois sculpté et doré, fronton à rinceaux et oiseaux. Époque Louis XIV.

351 — Coffre en bois sculpté à montants cannelés, panneaux à enroulements. Époque Louis XIII.

352 — Glace biseautée dans un cadre en bois noir guilloché, partie en glace, ornements en cuivre repoussé. Époque Louis XIII.

353 — Pendule en marqueterie de cuivre et d'écaille, à cariatides de femmes et ornements en bronze, surmontée d'une statuette d'enfant. Cadran en cuivre de *Paliard, à Besançon*. Époque Régence.

354 — Glace dans un cadre en bois sculpté et doré, fronton à médaillon de fleurs et nœuds de rubans. Époque Louis XVI.

355 — Deux Rouets anciens en bois sculpté.

356 — Grande Console en bois sculpté, à montants feuillagés, bordure de grecque.

357 — Table de nuit en bois sculpté, à pointes de diamants et colonnes torses, dessus en marbre brèche d'Alep.

358 — Petite Glace biseautée, cadre à chevalet, garni d'ornements en cuivre estampé.

359 — Petite Glace, cadre et fronton garnis de cuivre.

360 — Écran en acajou orné de bronzes, feuilles en soie brochée à bouquets de fleurs sur fond crème.

361 — Console en bois sculpté et peint. Époque Louis XV.

362 — Petit Meuble d'encoignure de forme Louis XV, en palissandre sculpté et gravé.

363 — Petite Commode de poupée, forme Louis XV, à trois tiroirs, en marqueterie de bois et fleurs.

364 — Petite Commode de poupée en bois rose et marqueterie de palissandre et citronnier, ouvrant à trois tiroirs. Époque Louis XVI.

365 — Deux Tabourets en bois sculpté. Style Louis XIII,

366 — Console rectangulaire en bois sculpté, à rinceaux et rosaces posant sur quatre pieds cannelés. Style Louis XVI.

367 — Petite Table forme Louis XIII, en noyer ciré, parties noircies.

368 — Cage d'horloge en bois sculpté garnie d'une horloge en cuivre. Cadran signé : *François, à Bar-le-Duc.*

369 — Vitrine, forme dos d'âne, en bois sculpté. Époque Louis XV.

370 — Buffet vaissellier en vieux chêne sculpté, le bas ouvrant à deux vantaux et garni de cinq tiroirs.

371 — Paire de Colonnes cannelées en bois sculpté surmontées de chapiteaux Louis XIII en bois sculpté et doré.

372 — Deux Vitrines hautes, à quatre faces en glaces.

373 — Grande Table en chêne sculpté, Louis XIII.

374 — Baromètre en bois sculpté et doré. Époque Louis XVI.

375 — Baromètre en bois laqué vert et or. Époque Louis XVI.

376 — Baromètre de forme octogonale en bois sculpté et doré.

377 — Un Cadre ancien en bois sculpté et doré.

378 — Canapé à trois places en bois sculpté Louis XIV, fond et dossier cannés.

379 — Fauteuil à haut dossier en bois sculpté, Louis XIV, recouvert en ancienne tapisserie au point et au petit point.

380 — Bergère, deux Fauteuils et un Tabouret Louis XVI, en bois sculpté à cannelures, garnis en étoffe rayée vert et blanc, brochée à fleurs.

381 — Deux Fauteuils Louis XIII, en bois sculpté, garnis en tapisserie au point et au petit point, sur fond noir.

382 — Deux Fauteuils Louis XV, en bois sculpté, garnis en tapisserie au point à fleurs et feuillages sur fond gris.

383 — Deux Fauteuils Louis XV, en bois sculpté, garnis en tapisserie au point à fleurs et ornements sur fond noir.

384 — Deux Fauteuils Louis XIV, garnis en ancienne tapisserie à dessin bleu sur fond gris.

385 — Deux Fauteuils Louis XVI, en bois sculpté, garnis en velours frappé vert bronze.

386 — Bergère Louis XV, en bois sculpté, recouverte en soie rayée et imprimée à bouquets de fleurs sur fond vert d'eau.

387 — Fauteuil Louis XIV, en bois sculpté, garni en tapisserie au point sur fond jaune.

388 — Fauteuil Louis XV, en bois sculpté, à fond et dossier garni de canne.

389 — Deux Chaises Louis XIV, en bois sculpté, à dossier et fond de canne.

390 — Chaise Louis XIII, en bois sculpté, garnie de paille.

391 — Quatre Chaises flamandes garnies en paille de couleur.

392 — Six Chaises flamandes garnies en paille teintée.

393 — Beau Meuble d'entre-deux en acajou, ouvrant à deux vantaux, coins arrondis, garnis de portes, ornements en bronze ciselé et doré. Signé Riésener. Dessus en marbre.

394 — Joli petit Meuble formant bureau, en bois rose, la partie supérieure garnie de deux portes brisées. Époque Louis XV.

395 — Grand Fauteuil, forme gondole, en bois sculpté et doré, recouvert en ancienne soie fond rose. Époque Louis XV. (Redoré.)

396 — Petit Fauteuil en bois sculpté et doré, recouvert en soie bleue. Époque Louis XV. (Redoré.)

TAPISSERIES, ÉTOFFES, BRODERIES

397 — Tapisserie d'Aubusson, représentant Bacchus sur son Char, présidant aux Vendanges. Bordure simulant un encadrement à ornements et armoiries.

398 — Grande Tapisserie flamande représentant un groupe de trois personnages dans un paysage. Bordure à encadrements de fleurs et ornements.

399 — Tapisserie d'Aubusson, dite Verdure, vue d'un parc animé de volatiles. Bordure simulant un encadrement.

400 — Tapisserie flamande à figures de femme et d'amours, encadrement à fleurs. Époque Louis XIV.

401 — Tapisserie, dite Verdure, à personnages et oiseaux dans un paysage boisé et accidenté, bordure à médaillons de fleurs et guirlandes de fruits.

402 — Tapisserie fond jaune à branches de feuillages.

403 — Beau Devant d'autel en broderie chenillée, représentant au centre l'agneau pascal placé sous un dais garni de draperies retenues par des figures d'anges, encadrement à fleurs sur fond quadrillé tissé d'argent. Époque Louis XIV.

404 — Bandeau en soie mauve brochée, décor à fleurs en broderie métallique.

405 — Bandeau en tapisserie au point à fleurs, avec médaillon en tapisserie au petit point à sujet religieux.

406 — Deux Panneaux à personnages et tapisserie au point et au petit point. Cadres en noyer.

407 — Dos de chasuble en ancienne broderie à fleurs et insectes sur fond de satin crème.

408 — Deux Morceaux d'étoffes en ancienne broderie à bouquets de fleurs sur fond crème.

409 — Dessus de Calice en broderie, médaillon à figure de Vierge et Enfant.

410 — Deux Dessus de chaises en tapisserie à la main.

411 — Panneau en broderie ancienne sur fond de soie grise, offrant, au milieu de fleurs, un Tribunal ecclésiastique. Cadre sculpté et doré.

412 — Panneau en broderie sur fond de soie, représentant un Cœur enflammé, des Fleurs et le Saint-Esprit au milieu des nuages. Cadre doré.

413 — Broderie sur fond de soie violette à figure de Sainte auréolée. Cadre ancien en bois sculpté et doré.

414 — Panneau en broderie de fleurs sur fond de soie, orné, au centre, d'un médaillon à figure de Sainte costumée en bergère. Cadre sculpté et doré.

415 — Panneau brodé à vase fleuri sur fond de soie grise.

416 — Panneau en ancienne broderie à fleurs et ornements de soie et d'argent sur fond gris. Cadre doré, sculpté et gravé.

417 — Grande Carpette orientale, fond rouge, à décor bleu et gris, encadrement à trois bandes, fond rouge et blanc, bordure verte.

IMPRIMERIE MAULDE, DOUMENC ET Cie
RUE DE RIVOLI, 144 — PARIS

www.ingramcontent.com/pod-product-compliance
Ingram Content Group UK Ltd.
Pitfield, Milton Keynes, MK11 3LW, UK
UKHW021039180726
13838UKWH00004B/1902

9 782329 514307